Franz X. Bogner

Tirol aus der Luft

Franz X. Bogner

TIROL
aus der Luft

Mit einem Vorwort von Monika Frenzel

Tyrolia-Verlag · Innsbruck-Wien

INHALT

VORWORT

Nicht von ungefähr ist der Adler das Wappentier Tirols. Er lässt sich vom Aufwind an den steilen Felshängen emportragen, gleitet hinunter ins enge Tal und stürzt sich kraftvoll auf sein Ziel. Dieser Adler umschwebt von alters her ein Gebirgsszenario mit Weltruhm. Die atemberaubende Landschaft in seinem Blickfeld können auch wir nun bei einem Flug über Tirol erleben.

Bewaldete Bergkuppen, zerklüftete Kalkgebirge, schneebedeckte Gletscher und majestätische Gipfel prägen die Landschaft Tirols. Enge Gebirgstäler und dann das breitere Inntal, wo sich auch die größten Städte befinden, unterbrechen dieses großartige Alpenpanorama.

Bereits im Mittelalter wurde Tirol „terra intra montes" – das „Land im Gebirge" genannt. Bedrohlich waren die Alpen für die Menschen in vergangenen Zeiten, galt es doch, auf mühsam angelegten Saumpfaden, meist unter Lebensgefahr, die Alpen zu überqueren. Auch vor Naturgewalten war man nie sicher: Lawinen, Muren und Steinschlag zählten zu den ständigen Bedrohungen. Trotzdem war Tirol, bedingt durch seine optimale geografische Lage im „Herzen Europas", strategisch äußerst wichtig. So wussten bereits die salischen Herrscher, dass der ungehinderte Durchzug nach Italien nur dann möglich war, wenn man verlässliche Partner dort hatte. Demnach übertrugen sie 1027 den Bischöfen von Brixen und Trient das „Land im Gebirge" mit der Auflage, für freies Geleit zu sorgen. Die geistlichen Herren wiederum setzten Vögte ein, die für den Schutz der durchziehenden Reisenden verantwortlich waren. Man versuchte, Wegelagerei sowie Raubrittertum auszuschalten, und verlangte für diese Sicherheit hohe Zölle, was wiederum dem Land reiche Einnahmen bescherte. Dass diese Vögte im Laufe der Zeit die Macht an sich reißen wollten, ist aus historischer Sicht verständlich. Der jahrhundertelange Machtkampf zwischen Kirche und weltlicher Obrigkeit spielte sich hier im Kleinen ab – letztendlich gelang es Meinhard II., erstmals das Gebiet nördlich und südlich des Brenners zu einen und zur „Grafschaft Tirol" zusammenzuführen.

Seit 1363 im Besitz der Habsburger, erkannten diese die Vorzüge des Landes und verwendeten die hohen Einkünfte (Zölle, Salz, Erze, Silber, Kupfer ...) meist für ihre zahlreichen Kriege.

Das Land wurde zunehmend gastlicher. Entlang der Hauptrouten entstanden „tafernen" und Wirtshäuser, die den Händlern und Reisenden Quartier und Verpflegung gewährten und zugleich eine wichtige Nachrichtenbörse waren. An manchen Orten gab es das Niederlagsrecht, sodass die Waren der Händler begutachtet und erworben werden konnten, so z. B. in Innsbruck, im „Ballenhaus" (Herzog-Friedrich-Str. 2), oder der Gasthof „Zur Uhr" in Matrei.

Das Wahrzeichen Innsbrucks ist das Goldene Dachl mit seinem spätgotischen Prunkerker, dessen Dach aus 2657 feuervergoldeten Kupferschindeln besteht.

Der reiche Bergsegen im Norden des Landes war nicht zuletzt der Grund dafür, dass Herzog Friedrich IV. („mit der leeren Tasche") seine Residenz 1420 von Meran nach Innsbruck verlegen ließ. Unter seinen Nachfolgern entwickelte sich Schwaz zum größten Silberbergwerk Mitteleuropas („Mutter aller Bergwerke") mit bereits 12.000 Knappen. Kaiser Maximilian I. erkor Innsbruck zu seiner Lieblingsresidenz und etablierte hier wichtige Ämter seiner Erblande. Gerne verweilte dieser sportliche Herrscher in Tirol und lud illustre Gäste ein: Jagden wurden veranstaltet, bei denen der Kaiser höchstpersönlich die Gämsen aus der Wand stach, Turniere wurden ausgetragen und Mummereien abgehalten. Dieser „erste Europäer" prägte wie kein anderer Herrscher das Land nachhaltig. Trotz prekärer finanzieller Mittel gelang es ihm, im Gedächtnis der Tiroler bis heute präsent zu bleiben, erinnern doch die gesamte Altstadt, das Goldene Dachl, das Zeughaus und sein grandioses Grabdenkmal in der Hofkirche an ihn. Vier Millionen Tagesbesucher während eines Jahres können heute diese Meisterwerke frühneuzeitlicher Architektur und Kunst bewundern.

Bereits 1580 bezeichnete Michel de Montaigne Innsbruck auf seiner Durchreise als „sehr schöne kleine Stadt, gut gebaut, voll von Brunnen und Wasserläufen ...". Im „Gasthof zur Rose" lobte er Unterkunft und Essen und hob besonders „... die französischen Servietten und das Essen, welches auf zinnernen Tellern serviert wurde" hervor.

Die Landesfürsten schufen mit ihren Sammlungen bedeutende Schätze und das älteste Museum Mitteleuropas (Kunst- & Wunderkammer in Schloss Ambras). Auch sorgten sie mit ihrer Begeisterung für das neue Medium „Oper" für aufsehenerregende Ereignisse, wie 1655 mit der Aufführung der Oper „L'Argia" von P. A. Cesti, die sieben Stunden dauerte und auf Grund des großen Erfolgs wiederholt werden musste! Dies war der Höhepunkt einer Musiktradition, welche mit den „Capellknaben" Kaiser Maximilians I. begonnen hatte und mit den Festwochen der Alten Musik unserer Zeit eine würdige Fortsetzung findet. 1665 bereitete Kaiser Leopold I. dem blühenden Innsbrucker Hofleben ein jähes Ende – er ließ die Stelle des letzten Landesfürsten nicht mehr nachbesetzen und schickte fortan nur noch Gouverneure nach Innsbruck – regiert wurde nun zentral von Wien aus. 1669 gründete er die Universität, welche noch heute eine äußerst wichtige Stellung im Geistesleben der Stadt einnimmt.

Nicht nur geografisch, sondern auch hinsichtlich der Mentalität seiner Bewohner unterscheidet sich das obere vom unteren Inntal. Die schroffe, unwirtliche Gebirgslandschaft des „Oberlandes" war von alters her der benachteiligte Landesteil – das Leben war ungleich härter und die Bergbauern mussten oft um das blanke Überleben kämpfen. So gab es hier wie im benachbarten Vinschgau die sogenannten „Schwabenkinder", die jedes Jahr ins Schwabenland zogen, um etwas Geld für ihre Familien zu verdienen. Als Lohn bekamen sie meist ein neues „Gewand" und drei bis fünf Gulden für monatelange harte Arbeit, fernab von daheim. Auch die „Karrner" waren in Not geratene Bauern, Kleinhäusler oder Knechte, die ihr Auskommen als Wanderhändler

In Windegg im Ötztal scheinen die Häuser wie Schwalbennester an steilen Hängen zu kleben.

St. Gertraudi bzw. die oberhalb des Orts gelegene Burgruine Kropfsberg können auf eine lange Geschichte zurückblicken. Bereits im 12. Jahrhundert wurde hier von den Salzburger Erzbischöfen eine erste Festung errichtet.

suchten. Berühmt wurden die „Imster Vogelhändler", welche auf ihren „Buckelkraxen" die in Imst gezüchteten gelben Kanarienvögel in alle Welt verkauften, ähnlich den „Handschuhverkäufern" aus dem Zillertal.

Unter diesen brachte es Peter Prock zu großer Berühmtheit, belieferte er doch nicht nur den Wiener Hof, sondern baute seine Handelsbeziehungen bis nach St. Petersburg zum Zarenhof aus! Feinste Ziegenlederhandschuhe, gepaart mit Unterländer Charme, verkauften sich schon in früheren Zeiten gut. Auch der Innsbrucker Adlerwirt Alois Niederkircher verpasste den frühen englischen Touristen in der 2. Hälfte des 19. Jahrhunderts jeweils ein Paar „garantiert echte Andreas-Hofer-Stiefel" – und kam kaum mit der Produktion nach, so begehrt waren seine Angebote!

Der Tiroler Unterländer ist von heiterer Gemütsart, die manchmal fast zum Leichtsinn neigt. Das Land war bis 1504 bayerisch und hatte nie so harte Lebensbedingungen wie im Oberinntal. Hier saßen viele wohlhabende Bauern – die Gegend ist charakterisiert durch weite Grasberge und sanfte Bergkuppen, welche heute beliebte Schipisten sind. Geselligkeit war hier immer besonders ausgeprägt, das Kartenspiel äußerst beliebt, bei welchem man schon Haus und Hof verlieren konnte! Die „Rainer-Sänger" aus dem Zillertal waren im 19. Jahrhundert singende Botschafter unseres Landes und trugen viel zum Klischeebild der Tiroler bei: ständig frohgelaunt, singend und „schuhplattelnd", prägten sie das Image Tirols, dessen Korrektur im 20. Jahrhundert einige Mühe erforderte!

Heute präsentiert sich Tirol als Tourismusland Nummer eins, welches seine naturgegebenen Vorzüge geschickt mit dem sprichwörtlichen „Tiroler Charme" vereint. Alle erdenklichen Sportarten sind hier möglich: Schifahren und Snowboarden, Wandern und Klettern, Mountainbiken, Tennis, Golf, Rafting, Paragleiten und viele Trendsportarten mehr. Bereits zwei Mal fanden in Tirol Olympische Spiele statt, 2012 außerdem die ersten Olympischen Spiele für Jugendliche (YOG).

Tirol ist aber auch ein Land mit viel Kultur – insbesondere in Innsbruck erinnert die historische Bausubstanz an vergangene glanzvolle Zeiten als Residenzstadt der Habsburger und ein abwechslungsreiches Kulturprogramm während des ganzen Jahres (Landestheater, Konzerte, Ausstellungen, Galerien, Museen) für Einheimische und Touristen bezeugt, dass Natur und Kultur hier in idealer Weise miteinander vereint sind.

Wenn der Steinadler heute über Tirol kreist, mag er erstaunt sein über die vielen neuen Dinge, die nun in Tirol zum Erscheinungsbild gehören: alpine Funparks, Wellnesscenter, qualitätsvolle wie aufgeblähte Alpinarchitektur und der ständig zunehmende Verkehr – doch je höher er hinauffliegt, desto ruhiger wird es: Das urbane, laute Alltagsleben zurücklassend, wird man sehr rasch eins mit der Natur, mit der Schöpfung. Auch das ist Tirol ...

Dr. Monika Frenzel
Innsbruck, im September 2012

Tirol bietet seinen Besuchern heute zahlreiche Freizeitmöglichkeiten. In den letzten Jahren sind auch zahlreiche neue Golfplätze entstanden, so wie dieser hier in Kitzbühel.

INNSBRUCK

Seite 12–13

Innsbruck kann als Verkehrsknotenpunkt und wichtiger Innübergang auf eine lange und bewegte Geschichte zurückblicken. Heute zählt die Stadt, in der sich Tradition und Moderne auf einzigartige Weise miteinander verbinden, zu den größten in den Ostalpen.

Links

Die Umrisse der dicht bebauten Innsbrucker Altstadt sind aus der Luft unschwer auszumachen. Besonders gut zu erkennen sind die Kaiserliche Hofburg, einst Residenz der Habsburger, der 1450 erbaute Stadtturm sowie der Dom zu St. Jakob, eine in der ersten Hälfte des 18. Jahrhunderts errichtete Wandpfeilerkirche, heute Sitz der Innsbrucker Bischöfe.

Oben

Die altehrwürdige Jesuitenkirche der Hl. Dreifaltigkeit und die hochmodernen Gebäude der Universität stehen heute dicht nebeneinander und symbolisieren somit die Symbiose von Geschichte und Gegenwart in Tirols Landeshauptstadt.

Oben

Die Pfarrkirche St. Nikolaus gilt als Innsbrucks bedeutendstes Denkmal neugotischer Kirchenarchitektur (19. Jahrhundert). Sie fungierte nach dem Zweiten Weltkrieg einige Zeit lang als Ersatzkirche für den durch Fliegerbomben schwer beschädigten Dom zu St. Jakob.

Rechts

Das markante Gebäude des ORF-Landesstudios Tirol wurde vom Architekten und Autor Gustav Peichl entworfen, repräsentiert das moderne Innsbruck und kann auf eine 40-jährige Geschichte zurückblicken.

Seite 18–19

Mitten im Häusermeer mag man die grundlegenden Strukturen vielleicht nicht erkennen. Die Vogelschau macht dies jedoch einfacher, wie man hier am Beispiel des Claudiaplatzes im Innsbrucker Stadtteil Saggen erkennen kann. Benannt wurde dieser Platz nach Claudia de' Medici, der Gattin des Tiroler Landesfürsten Leopold V., die das kulturelle Leben Innsbrucks nachhaltig beeinflusste.

Seite 20–21

Der Eduard-Wallnöfer-Platz vor dem in nationalsozialistischer Zeit errichteten Neuen Tiroler Landhaus ist einer der zentralen Plätze in Innsbrucks Innenstadt. Links oben im Bild ist die Triumphpforte (1774/75) zu erkennen, die ursprünglich bereits 1765 als Ehrenpforte für Maria Ludovica anlässlich ihrer Hochzeit mit Erzherzog Leopold aus Holz und Stuck errichtet worden war. Nach dem tragischen Tod Franz Stephans von Lothringen kurz nach der Vermählung des jungen Paares entschloss sich Maria Theresia dazu, den Triumphbogen aus Stein neu errichten zu lassen (1774/75). Auf dessen Nordseite erinnern Reliefs an den Tod und die Sterblichkeit, auf der Südseite sind Hochzeit und Liebe die vorherrschenden Motive.

TIROL

HOTEL

Oben

Die ganz spezielle Geometrie einer Stadt wird manchmal erst aus der Luft erkennbar. Hier im Bild der Eichhof im Stadtteil Pradl zwischen Linden- und Langstraße. Die Wohnblockanlage wurde während des Zweiten Weltkriegs für jene Südtiroler erbaut, die im Zuge der „Option" ihre Heimat verließen.

Rechts

Pfarrkirche Pradl. Der heutige neuromanische Bau wurde von 1905 bis 1908 errichtet, nur kurz nachdem die ursprünglich selbständige Gemeinde ein Teil Innsbrucks geworden war. Sie liegt an der gleichnamigen Straße, die früher als Verbindung zwischen Innsbruck und Schloss Ambras diente.

Seite 24–25

Das Stift Wilten am Fuß des Bergisels lag ursprünglich weit außerhalb des Stadtgebietes und wurde im 12. Jahrhundert von den Prämonstratensern gegründet. Nachdem die gotische Stiftskirche durch den Einsturz eines Turms endgültig zerstört worden war, folgte in den 60er- und 70er-Jahren des 17. Jahrhunderts, im Frühbarock, ein Neubau durch den berühmten Hofbaumeister Christoph Gumpp. Während des Zweiten Weltkriegs wurde das Gotteshaus durch Bombenangriffe schwer beschädigt. Das Stift ist die Heimat der Wiltener Sängerknaben, die zu den ältesten und traditionsreichsten Knabenchören Europas zählen.

Oben

Schloss Ambras. An dieser Stelle gab es wohl bereits im 11. Jahrhundert eine durch die oberbayerischen Grafen von Andechs errichtete Festung. Die heutige Anlage geht auf Erzherzog Ferdinand II. von Tirol (1529–1595) zurück, der die bis dahin mittelalterliche Burg in ein prächtiges Renaissanceschloss verwandelte und ausgedehnte Gärten anlegen ließ. Das Unterschloss beherbergt die umfangreichen Sammlungen Ferdinands II., darunter Rüstungen, Waffen, Gemälde und andere wertvolle Kunstgegenstände.

Rechts

Die Bergiselschanze ist heute eines der Wahrzeichen Innsbrucks. Bereits 1927 wurden an dieser Stelle auf einer Naturschanze erste Sprünge durchgeführt. 1964 und 1976 fanden hier olympische Bewerbe statt. Der heutige Bau stammt von der aus dem Irak stammenden und in London lebenden Architektin Zaha Hadid und beherbergt eine Aussichtsplattform sowie ein Restaurant.

Seite 28–29

Die Europabrücke der Brennerautobahn ist in mehrfacher Hinsicht ein Superlativ. Schon die alleinige Höhe von 190 m über Grund macht sie zur höchsten Balkenbrücke Europas. Bei ihrer Fertigstellung im Jahr 1963 war sie zudem die höchste Brücke Europas überhaupt. Die technischen Daten allein sprechen für sich: 70.000 m^3 Beton, rund 1400 t Bewehrungsstahl, 6000 t Stahlkonstruktion, 55.000 m^3 Erd- und Felsbewegung, um nur vier Zahlen anzusprechen. Des Weiteren signalisierte die Namenswahl schon in den 1960er-Jahren die Vision des heutigen Europas ohne Grenzen. Vergessen sind daher die obligatorischen Sprengschächte der Bauzeit, als sich Europa noch in den Fängen des Kalten Krieges befand.

INNSBRU

CK UMGEBUNG

Oben

Die Hauptmautstelle Schönberg der Brennerautobahn ist rund um die Uhr besetzt. Bereits Ende des letzten Jahrzehnts wurden hier knapp 10 Millionen PKWs sowie Hunderttausende LKWs pro Jahr erfasst. Sie alle nutzen mit dem 1350 m hohen Brenner den niedrigsten Alpenpass – eine zunehmende Belastung für Mensch und Natur.

Oben

Die Marktgemeinde Matrei am Brenner liegt südlich von Innsbruck im Wipptal und zählt zu den kleinsten Gemeinden Tirols. Die Lage des Ortes an der wichtigen Nord-Süd-Verbindung über die Alpen führte zur Errichtung einer Straßenstation durch die Römer. Funde weisen auf eine gut ausgebaute Siedlung auf drei Hügeln hin. Auch im Mittelalter war der Durchzugsverkehr für Matrei von großer Bedeutung, hier gab es eine Waage für Fuhrwerke sowie ein Ballhaus. Die zahlreichen erhalten gebliebenen Bürger- und Gasthäuser zeugen noch vom ehemaligen Reichtum des Ortes.

Links

Landwirtschaft und kleine Betriebe prägen das Schmirntal, ein Seitental des Wipptals, das sich bis heute, fernab vom Massentourismus, viel von seinem ursprünglichen Charme bewahrt hat. In früheren Zeiten war der Saumweg über das Tuxer Joch nach Hintertux (das bis 1926 zum Gemeindegebiet von Schmirn gehörte) für Bauern und kleine Händler von großer Bedeutung.

Oben

St. Peter gehört zur Gemeinde Ellbögen und liegt südlich von Innsbruck auf der östlichen Talseite des Wipptals. Ende der 60er-Jahre des 20. Jahrhunderts wurden hier im Zuge von Ausgrabungen illyrische Brandgräber gefunden. In der oberen Bildhälfte ist die ursprünglich gotische, später barockisierte Pfarrkirche St. Peter zu sehen.

Seite 34–35

Die Pfarrkirche zum hl. Pankratius in Telfes im Stubai wurde Mitte des 18. Jahrhunderts vom Tiroler Priester und Baumeister Franz de Paula Penz errichtet. Im Innenraum sind vor allem die herausragenden Fresken von Johann Anton Zoller (das Hauptfresko im Schiff zeigt die Hinrichtung des Kirchenpatrons) sowie die Orgel von Franz Weber aus Oberperfuss hervorzuheben, die 1865 gebaut wurde und 24 Register besitzt.

Oben

Ansitz Ferklehen westlich von Unterperfuss. Der Name bedeutet nichts anderes als „Lehen des Fergen" (Fährmanns), der die Überfuhr über den Inn betrieb und dafür natürlich Maut einhob. Als es später schließlich eine Brücke gab, waren die Fährleute mit dem Eintreiben des Brückenzolls betraut. Man konnte offenbar so gut davon leben, da es für ein stattliches gotisches Schlösschen reichte.

Rechts

Zirl zählt ca. 7700 Einwohner und liegt am Fuß des 1000 m hohen, gleichnamigen Hausberges. Bereits seit der La-Tène-Zeit ist hier Besiedelung nachzuweisen, später wurde der Ort ein wichtiger Verkehrsknotenpunkt auf der römischen *Via Raetia* nach Augsburg. Hier begann für Kaufleute und Reisende der steile Anstieg zum Seefelder Sattel.

Seite 38–39

Der bekannte Wintersportort Seefeld in Tirol war gemeinsam mit Innsbruck bereits zweimal Austragungsort der Olympischen Winterspiele und zählt heute bei nur 3200 Einwohnern zu den am stärksten besuchten Tourismusgemeinden Österreichs. Links im Bild ist das Seekirchlein zu sehen, heute eines der Wahrzeichen des Ortes. Dieses befand sich in früheren Zeiten wirklich in der Mitte eines Sees und war durch einen kleinen Steg mit dem Ufer verbunden.

Seite 40–41

Aus der Luft sind die Umrisse der ausgezeichnet erhaltenen Haller Altstadt sehr gut zu erkennen. Über viele Jahrhunderte bestimmte vor allem der Bergreichtum des Landes die Entwicklung der Stadt. Heute lädt das mittelalterliche Flair der engen Gassen und kleinen Plätze zum Bummeln und Verweilen ein. Rechts im Bild ist der Haller Münzturm zu sehen, das Wahrzeichen der Stadt.

Links

Um die Gnadenwalder Kirche St. Martin besteht seit dem Spätmittelalter ein kleines Kloster, hervorgegangen aus einer Einsiedelei. St. Martin ist eine Station des Jakobsweges, im „Klösterle“ leben Ordensschwestern.

Oben

Das Schloss Melans bei Hall in Tirol zeugt noch vom einstigen Wohlstand des Salzgewerbes. Um 1300 war es Wohnstatt des Haller Salzmairs, heute befindet es sich in Privatbesitz.

Oben

Mils liegt am Fuß des Karwendelgebirges und war bis zum Ende der Barockzeit, als ein Brand die dortige Wallfahrtskirche zerstörte, ein viel besuchter Gnadenort. Durch seine günstige, sonnige Lage und die Nähe zu Hall in Tirol sowie Innsbruck ist der Ort in den letzten Jahren enorm gewachsen.

Rechts

Zu Beginn des Dreißigjährigen Kriegs wurde der Grundstein für die Kirche zu Ehren des Pestheiligen Karl Borromäus gelegt. Federführend am Bau beteiligt war der Haller Stiftsarzt und Universalgelehrte Hippolyt Guarinoni. Dieser erlebte den Abschluss der Bauarbeiten jedoch nicht mehr, die sich über 30 Jahre hinzogen. In der Kirche, die unter anderem ein herrliches Deckenfresko des Tiroler Künstlers Martin Knoller aus dem 18. Jahrhundert enthält, ist auch der sogenannte „Stein des Gehorsams" zu bewundern, der die Arbeiter fast zerschmettert hätte, bevor Guarinoni ihn der Sage nach durch die Macht seiner Worte zum Stehen brachte.

Seite 46–47

Das Kitzbüheler Horn (1996 m) ist einer der markantesten Berge der Kitzbüheler Alpen. Mehrere Seilbahnen und eine mautpflichtige Panoramastraße machen den Berg zu einer viel besuchten Attraktion der Region.

TIROL

ER UNTERLAND

Links

Nachdem Mitte des 15. Jahrhunderts nahe Schwaz umfangreiche Silber- und Kupfervorkommen entdeckt worden waren, wurde der Ort zu einer blühenden Bergbaumetropole und nach Wien zur zweitgrößten Stadt des Habsburgerreichs überhaupt. Etwas links der Bildmitte ist die Stadtpfarrkirche von Schwaz zu sehen, die größte Hallenkirche Tirols, Mitte des 15. Jahrhunderts erbaut und 1511 erweitert.

Oben

Die Burg Freundsberg ist heute eines der Wahrzeichen der Stadt Schwaz und geht in ihren Ursprüngen auf das 12. Jahrhundert zurück. Ihre ersten Besitzer waren die Herren von Freundsberg, deren Einfluss durch ihre Funktion als Ministerialen der Grafen von Andechs und später der Tiroler Landesfürsten begründet war. Heute beherbergt die renovierte Burg das sehenswerte Museum der Stadt Schwaz.

Oben

Das Benediktinerstift Fiecht wurde erst vor 300 Jahren an seinem heutigen Standort errichtet. Bis zu diesem Zeitpunkt hatten die Mönche in ihrem ursprünglichen Kloster auf dem nahen Georgenberg gelebt. Wenige Jahrzehnte nach dem Umzug entstand die Stiftskirche, die nach einem Brand im 19. Jahrhundert wiederhergestellt wurde und heute zu den herausragenden Kulturstätten des unteren Inntals zählt.

Rechts

St. Georgenberg war vor gut 1000 Jahren das Ursprungskloster der Fiechter Benediktiner und stellt bis heute einen der berühmtesten Wallfahrtsorte Tirols dar. Hier wurden im Mittelalter zahlreiche Reliquien verehrt, darunter der Armknochen des hl. Georg, des ehemaligen Landespatrons von Tirol.

Links

Wiesing ist eine lebendige Gemeinde im Unterinntal und liegt nördlich des Inns an jener Stelle, an der das Zillertal gegen Süden abzweigt. Die heutige Kirche wurde 1781 geweiht, aber schon ein Jahr später durch die schwere Explosion eines nahegelegenen Pulvermagazins beschädigt. Der Ort ist idealer Ausgangspunkt für zahlreiche Wanderungen ins Rofangebirge.

Oben

Schloss Tratzberg ist ein gutes Beispiel einer gelungenen Renaissance-Schlossanlage im Inntal. Es hatte mehrere Besitzer, darunter die Fugger, die durch den Kupfer- und Silberbergbau in der Region steinreich geworden waren. Die Fuggerstube und die Fuggerkammer erinnern noch daran.

Seite 54–55

Der Achensee, größter See Tirols, liegt 380 m hoch über dem Inntal und ist vor allem bei Seglern und Surfern beliebt. Der Blick geht hier in Richtung Norden ins Achental, in der linken Bildhälfte ist der Ort Pertisau zu erkennen.

Oben

Die Marktgemeinde Mayrhofen liegt am Ende des Zillertals an jener Stelle, an der sich zahlreiche Seitentäler (oder „Gründe") miteinander vereinen. Mehrere bekannte Zillertaler Berge wie die Zsigmondyspitze oder der Große Löffler liegen im Gemeindegebiet. Mit der Eröffnung der Berliner Hütte 1879 und dem Bau der Zillertalbahn 1902 hielt der Tourismus im Ort Einzug, der heute für Mayrhofen von herausragender Bedeutung ist.

Rechts

Vorderlanersbach gehört zur Gemeinde Tux im gleichnamigen Tal und liegt auf über 1200 m Seehöhe. Von hier führte früher ein vielbegangener Saumweg über das Geiseljoch ins Inntal, der vor allem für den Warenaustausch genutzt wurde.

Seite 58–59

Auch wenn die Wetterlage auf dieser Aufnahme bedrohlich wirkt, sind die Tuxer Alpen doch ein beliebtes Ziel für Wanderer, Schifahrer und Tourengeher. Die 2420 m hohe Wanglspitze, von der das Gelände zum westlichen Zillertal abfällt, wird im Winter von einer leistungsfähigen Pendelbahn, der „150er-Tux" bedient, deren Kabinen bis zu 150 Personen befördern können.

Oben

Schloss Matzen wurde im 12. Jahrhundert vom Geschlecht der Freundsberger als Burg gegründet. Der runde sechsgeschossige Bergfried zeugt noch von diesen wehrhaften Zeiten. Spätere Umbauten machten Matzen immer mehr zum Schloss, so etwa die vierstöckigen kreuzgratgewölbten Arkadenreihen im unteren Burghof oder die spätgotische Wappen- und Rankenmalerei in der Eingangshalle.

Rechts

Rattenberg ist mit 405 Einwohnern die kleinste Stadtgemeinde Österreichs. Seine große Zeit hatte der Ort zur Zeit der Innschifffahrt als Warenumschlagplatz und als Zollstelle an der Grenze zwischen Tirol und Bayern (bis 1504 gehörte Rattenberg zu Bayern). Der dominante Schlossberg lässt die Stadt im Winter für rund drei Monate im Schatten liegen, sodass man einen Plan entwickelte, der für immer Abhilfe schaffen sollte: Zwei Spiegel hätten demnach die Stadt mit Tageslicht versorgt, das Projekt wurde jedoch aus mehreren Gründen nicht umgesetzt.

Seite 62–63

Kundl ist heute ein bedeutender Industriestandort im Tiroler Unterland. Keimzelle hierfür war das Kundler Bier, das seit 1658 im Ort gebraut wurde. Ein breiter Bergstollen hatte als Bierlager mit konstanter Temperatur und Luftfeuchtigkeit eine gute Qualität sichergestellt. Nach dem Zweiten Weltkrieg wurde auf dem Gelände der ehemaligen Brauerei dann von der Biochemie Kundl Penicillin hergestellt. Heute befindet sich hier der Firmensitz von Sandoz Österreich.

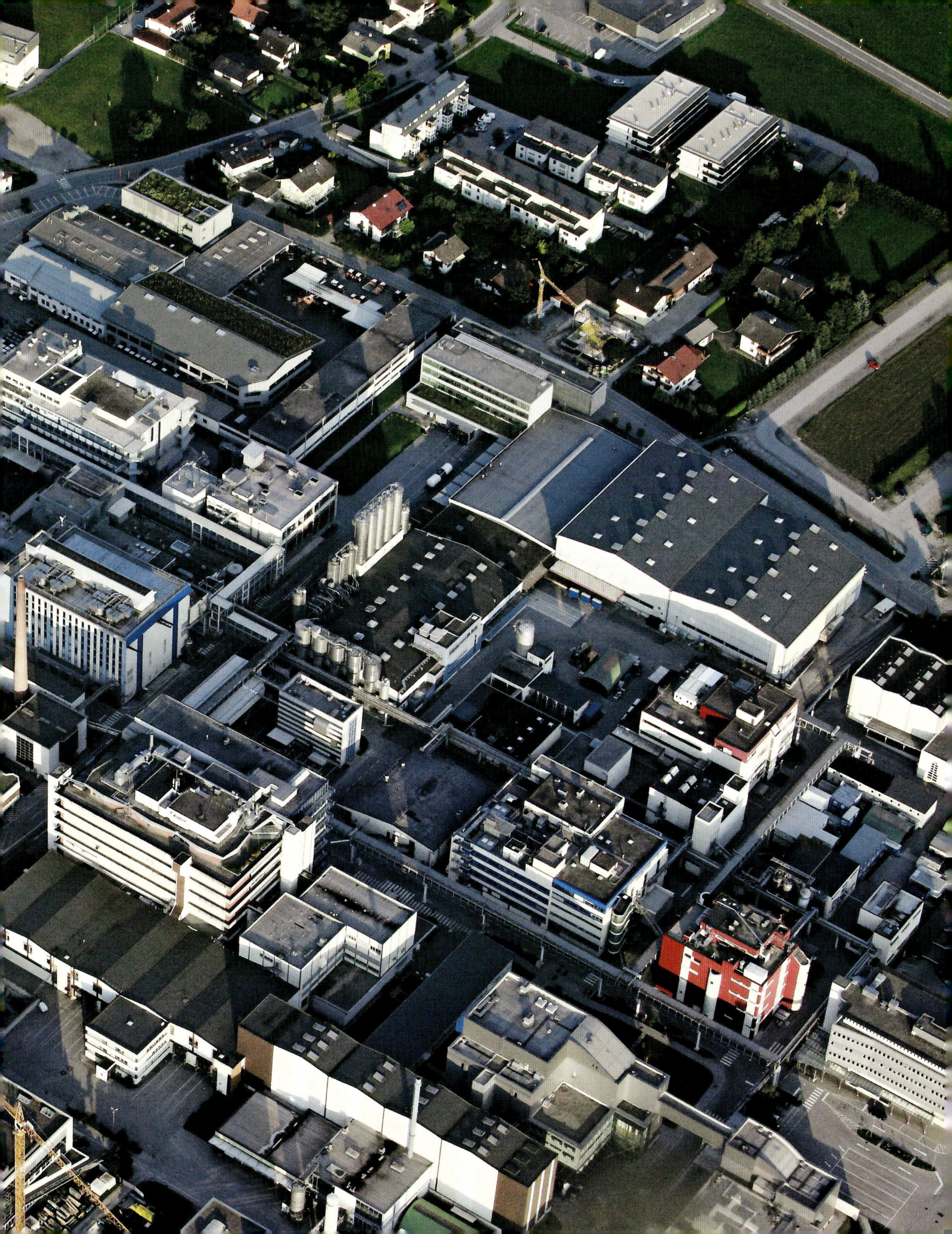

Oben

Wörgl ist ein bedeutendes städtisches Zentrum im Unterinntal und durch seine Lage am Schnittpunkt von Inntal, Wildschönau, Sölllandl und Brixental ein wichtiger Verkehrsknotenpunkt. In der Bildmitte ist die Stadtpfarrkirche zum hl. Laurentius zu sehen. Nach einem verheerenden Brand im Jahr 1836 wurde diese im Ingenieurstil neu errichtet und zählt heute zu den größten Gotteshäusern in Tirol.

Rechts

Das Gebiet des zur Gemeinde Breitenbach am Inn gehörenden Ortsteils Kleinsöll war wohl schon in römischer Zeit besiedelt, dies zeigen Funde aus der späten Kaiserzeit. In der Filialkirche zum hl. Johannes dem Täufer ist noch ein spätgotischer Choranbau zu bewundern.

Seite 66–67

Eine Landschaftsform, die man in Tirol nur selten antrifft: Bei Kirchbichl verläuft der Inn in einer fast Omega-förmigen Schleife. Das dadurch entstehende Gefälle wird seit 1941 von einem Innkraftwerk zur Stromgewinnung genutzt.

Seite 68–69

Kufstein war, mit wenigen Unterbrechungen, über viele Jahrhunderte die bayerische Bastion gegen Tirol. Erst als man sich in Bayern wieder einmal untereinander stritt, konnte der Habsburger Kaiser Maximilian I. Kufstein für Tirol gewinnen. Dennoch galt bis ins 19. Jahrhundert das oberbayerische Landrecht. Erst nach den Napoleonischen Kriegen verlor Kufstein seine Bedeutung als Festung, nachdem sie selbst im Tiroler Volksaufstand 1809 nicht hatte eingenommen werden können.

HOTEL WEINHAUS AURACHER

Oben

Die einsame Wallfahrtskirche zum hl. Nikolaus hoch über Ebbs ist der einzige sichtbare Überrest der hochmittelalterlichen Ebbser Burg, über die Kaiser Barbarossa und der Bischof von Bamberg einen Nutzungsvertrag abgeschlossen hatten. Vor einigen Jahren entdeckte man bei Renovierungsarbeiten wertvolle Fresken aus dem 16. Jahrhundert.

Rechts

Auf seinen letzten Kilometern in Tirol ist der Inn richtig gebändigt und wurde in ein gerades Flussband gezwängt. Die milchig-weiße Farbe verdeutlicht den Anteil an Schmelzwasser, den er nun mit sich führt, und die beidseitig hohen Dämme signalisieren den Respekt des Menschen vor der Kraft des Flusses.

Seite 72–73

Die Hohe Salve (1828 m) ist ein markanter Aussichtsberg zwischen Kufstein, Wörgl und Kitzbühel, man spricht auch gerne vom „Rigi Tirols". Das Salvenkirchlein, erstmals 1589 erwähnt, gilt als höchstgelegene Wallfahrtskirche Österreichs. Trotz wiederholten Blitzschlägen hat die Kirche die Jahrhunderte überdauert.

Oben

Ellmau liegt am Fuß des Wilden Kaisers, dessen Bergwelt Einheimischen und Gästen unzählige Wandermöglichkeiten bietet, darunter auch eine Klettertour auf die Ellmauer Halt (2344 m), den höchsten Gipfel des Gebirgsmassivs.

Rechts

St. Johann in Tirol, von Einheimischen auch „Seine Hons" genannt, liegt in einem weiten Talkessel zwischen dem Kaisergebirge und dem Kitzbüheler Horn. Ab 1540 brachte der Kupfer- und Silberbergbau beachtlichen Reichtum in den Ort. Der sogenannte „Heilig-Geist-Schacht" war beispielsweise bis in 780 m Tiefe getrieben worden, zu früheren Zeiten ein absoluter Rekord.

Seite 76–77

Kitzbühel ist heute nicht zuletzt aufgrund des berühmten Schirennens am Hahnenkamm (1712 m) eines der bedeutendsten Wintersportzentren Österreichs. In früheren Zeiten spielte der Bergbau für die Stadt eine nicht unbedeutende Rolle. Der Bau der Salzburg-Tiroler Bahn gegen Ende des 19. Jahrhunderts wirkte sich auf die Entwicklung Kitzbühels äußerst positiv aus.

Seite 78–79

Abendlicher Flug durch das Tal der Fieberbrunner Ache mit traumhaftem Blick auf St. Johann in Tirol und den Wilden Kaiser, beide noch von den letzten Sonnenstrahlen des Tages verwöhnt.

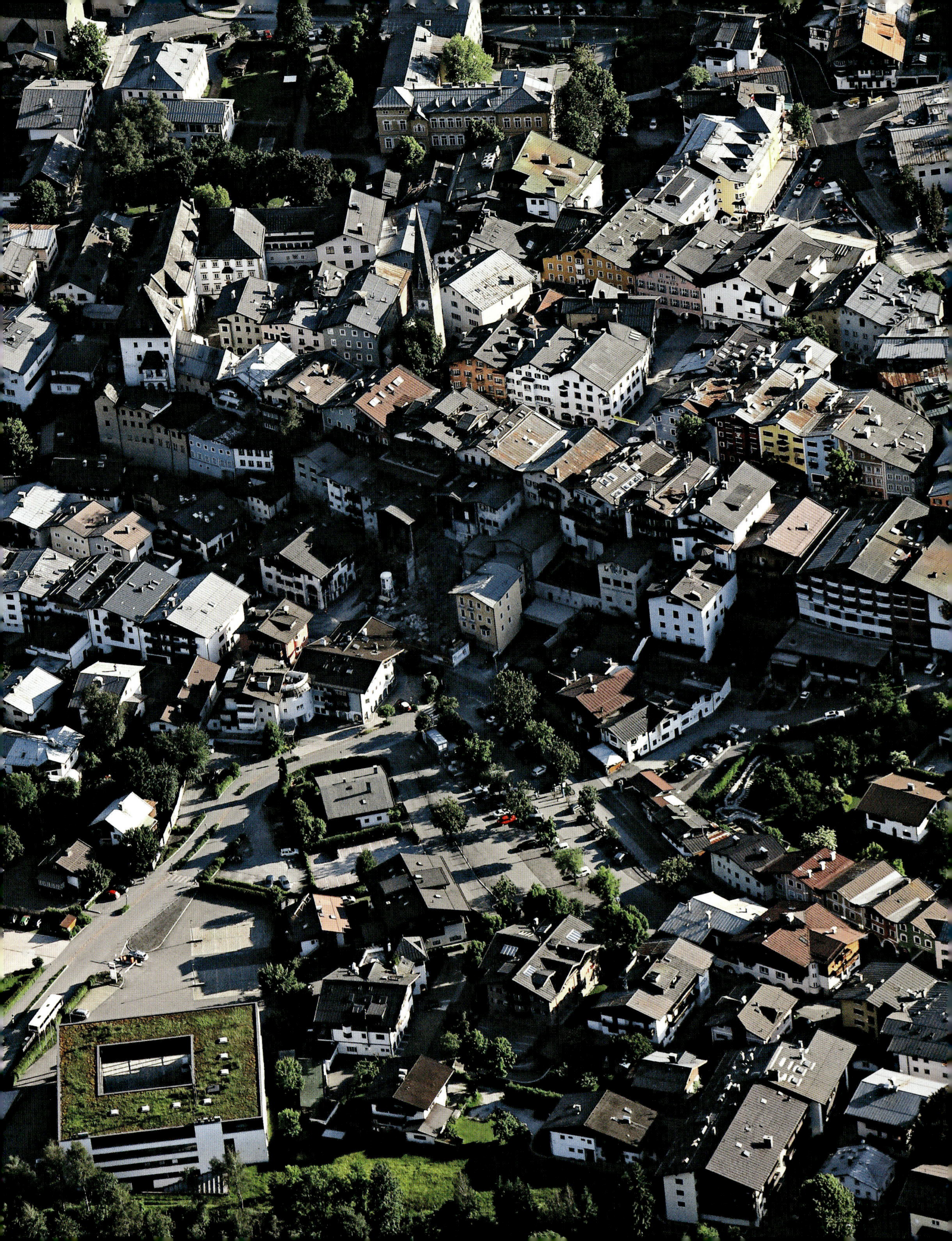

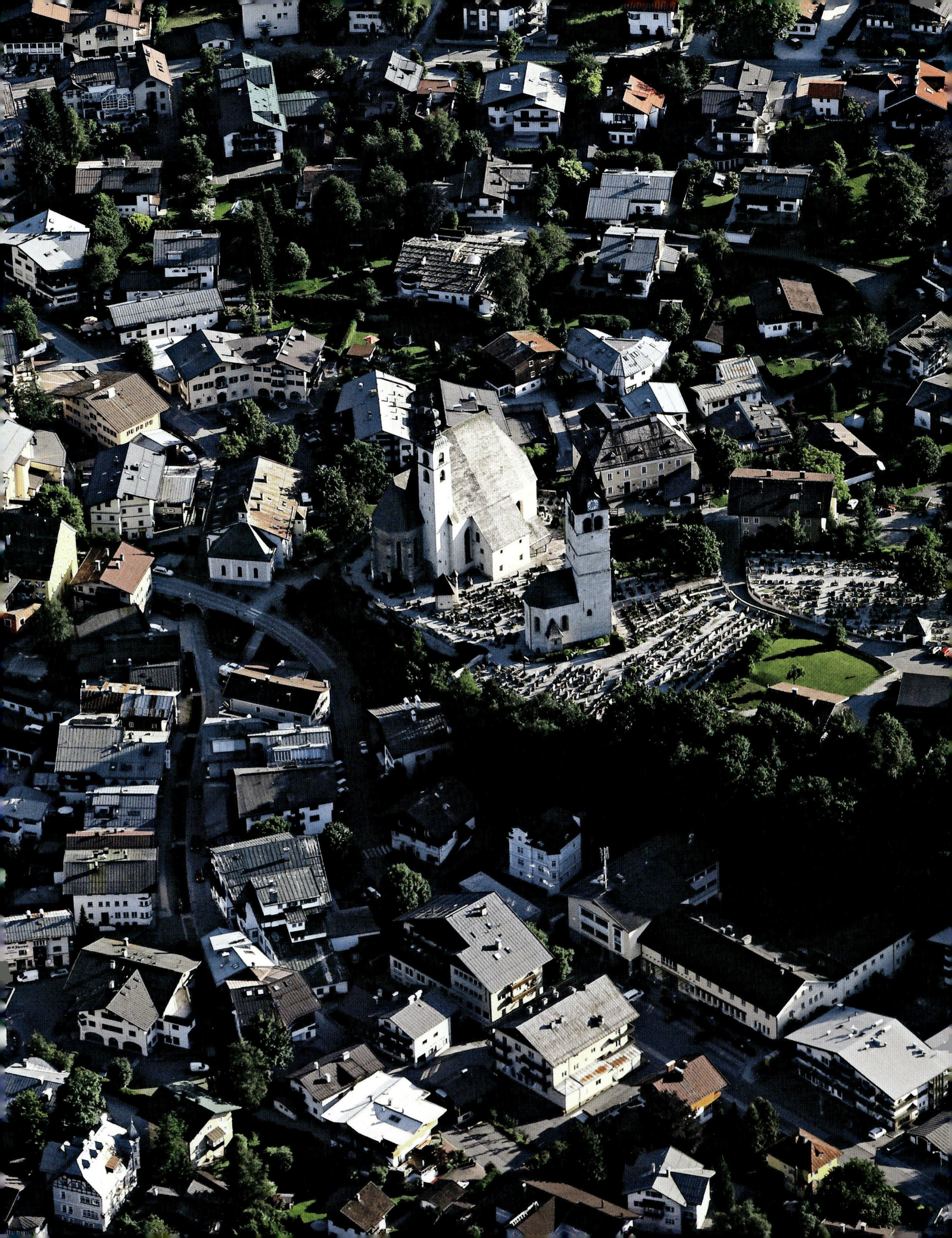

Oben

Moserberg bei Kössen taucht oft erst sehr spät am Tag aus dem Winternebel auf, die Region zählt zu den schneereichsten der gesamten Alpen, dementsprechend bedeutend ist der Tourismus.

Rechts

Hochfilzen ist eine der fünf Gemeinden im Pillerseetal und liegt nahe der Grenze zu Salzburg. Im Tal wird Magnesit abgebaut, was das im Ort ansässige Unternehmen zum Weltmarktführer für Feuerfestprodukte machte. Der 105 m hohe Kamin des Werks ist mit einer Nassfilteranlage ausgestattet.

Seite 82–83

Die Kronburg überragt durch ihre Lage auf einer steilen Felskuppe das Oberinntal. Bereits im 14. Jahrhundert gab es hier eine Festungsanlage, die im Laufe der Zeit oftmals ihren Besitzer wechselte. Direkt unterhalb, südlich des Burgbergs, befindet sich seit dem 17. Jahrhundert die zugehörige Wallfahrtskirche Maria Hilf, die auf die wundersame Heilung des Kindes eines gewissen Hans Lechleitner zurückgeht.

TIRO

LER OBERLAND

Links

Telfs liegt etwa 27 km westlich von Innsbruck im Inntal am Fuß der markanten Hohen Munde (2662 m) und war früher ein wichtiges Zentrum der Textilindustrie. Hier findet alle fünf Jahre unter großer Beteiligung der Bevölkerung das sogenannte „Schleicherlaufen" statt, ein Fasnachtsbrauch, der in seiner heutigen Form seit dem 19. Jahrhundert belegt ist, in seinen Anfängen aber wohl bis mindestens 1571 zurückgeht.

Oben

Rietz im Oberinntal liegt im Schatten der mächtigen Stubaier Alpen, die den Ort im Winter teilweise wochenlang von der Sonne abschneiden. Hier zu sehen ist die Pfarrkirche zum hl. Valentin, die einen der schönsten Rokokoaltäre Tirols von Urban Mayr aus Stams beherbergt.

Seite 86–87

Die Zisterzienserabtei Stams geht in ihren Ursprüngen auf das 13. Jahrhundert zurück und gehört, neben Fiecht und Stans, zu den drei großen Stiften Tirols. Besonders sehenswert ist die ursprünglich romanische, später barockisierte und zur Basilika erhobene Stiftskirche. Darüber hinaus bewahrt das Stift viele wertvolle Kunstgegenstände, darunter Werke von Albrecht Dürer auf.

Oben

Die im Tiroler Oberinntal zwischen Telfs und Imst gelegene Gemeinde Silz ist Sitz eines Bezirksgerichtes und eines Pumpspeicherkraftwerks der TIWAG, welches in Verbindung mit den beiden Speicherseen Finstertal und Längental sowie dem Kraftwerk Kühtai Spitzenstrom für den europäischen Markt produziert.

Rechts

Die Burg St. Petersberg verdankt ihre Gründung der Absicht der norddeutschen Welfen vor 800 Jahren, einen zentralen Verwaltungs-Stützpunkt für ihre Tiroler Besitzungen zu schaffen. Viele andere Besitzer folgten, 1893 wurde Kaiser Franz Joseph I. Burgherr, nachdem er die Brandruine wieder aufbauen hatte lassen.

Oben

Haiming liegt heute in einer Landschaft, die durch den massiven Tschirgant-Bergsturz vor ca. 3000 Jahren geformt worden ist. Der Fund eines Urnenfelds bei „Forchet" zu Beginn der 1950er-Jahre beweist, dass das Gebiet bereits in vorrömischer Zeit besiedelt wurde.

Oben

Der Name des Inns hat wohl keltische Wurzeln und bedeutet frei übersetzt „Wasser", auch eine mittelalterliche Urkunde bezeichnete den Inn schlicht als Wasser. Der Inn ist der zweitwasserreichste Fluss Österreichs und führt der Donau mehr Wasser zu als Lech, Isar, Enns und Traun zusammengenommen. Markenzeichen des Inns ist seine milchig-grüne Farbe, die ihn als typischen Gletscherfluss mit vielen Schwebeteilchen ausweist.

Oben

Oetz befindet sich am Eingang des Ötztals, das mit fast 70 km Länge das längste Seitental des Inntals darstellt. Im Ortskern sind noch einige historische Gasthöfe erhalten geblieben, die Pfarrkirche war ursprünglich spätgotisch, wurde jedoch später barockisiert. Ganz in der Nähe des Ortes befindet sich der malerisch gelegene Piburger See, ein beliebtes Ausflugsziel, da dessen Wasser im Sommer durchaus angenehme Temperaturen erreicht.

Rechts

Die Ötztaler Ache ist ein 35 km langer, bedeutender Nebenfluss des Inns. Mit einem Einzugsgebiet von knapp 1000 km^2 bezieht sie ihr Wasser aus dem Kernbereich der Ötztaler Alpen und dem westlichen Teil der Stubaier Alpen. In der Vergangenheit war die Ache für ihre Wildheit berüchtigt, umfangreiche Verbauungen haben die Gefahr für die Bevölkerung heute jedoch erheblich verringert.

Links

Der abendliche Blick aus der Vogelperspektive weit hinein ins Ötztal. Wie ein Theaterscheinwerfer spendet die Sonne der in der Mitte des Tals gelegenen Gemeinde Umhausen noch Licht und Wärme.

Oben

Der Weiler Farst ist eine der ältesten, aber auch atemberaubendsten Ansiedlungen im Ötztal und befindet sich in fast 1500 m Seehöhe hoch über dem Talboden und direkt oberhalb des beliebten Klettergebiets Engelwand. Schon allein auf Grund der phänomenalen Aussicht lohnt sich der Besuch, eine Zufahrt mit dem Auto ist aufgrund der exponierten Lage nicht möglich.

Oben

Imst ist die Hauptstadt des gleichnamigen Bezirks und liegt an der Einmündung des Gurgltals ins Inntal. Erste Siedlungstätigkeit ist bereits für 1000 v. Chr. belegt, später befand sich hier eine Wegstation der *Via Claudia Augusta*. Durch einen verheerenden Brand wurde 1822 fast der gesamte Ort vernichtet. Wenige Jahre nach dem Zweiten Weltkrieg gründete Hermann Gmeiner hier das erste SOS-Kinderdorf. Die von ihm ins Leben gerufene Organisation ist heute weltumspannend tätig.

Rechts

Blick von oben auf das Westportal des Roppener Tunnels, der den Tschirgant durchquert und etwas über fünf Kilometer lang ist. Mit dem Bau der zweiten Tunnelröhre begann man 2006, die Eröffnung fand im Dezember 2010 statt. Die eindrucksvolle Straßenbrücke rechts oben überquert den Inn und führt ins Pitztal, das bei Imst vom Inntal in südliche Richtung abzweigt.

Oben

Wenns hat sich im Lauf der Jahre zum Hauptort des Pitztales entwickelt, hier zweigt die Straße zur Pillerhöhe ab und stellt eine Verbindung zum Oberen Gericht her. Vor allem in früheren Zeiten war dieser Handelsweg weiter in die Südschweiz von großer Bedeutung.

Rechts

Jerzens liegt am Eingang des Pitztales in günstiger, sonniger Lage, was mit ein Grund für die nachweisbar frühe Siedlungstätigkeit in diesem Gebiet sein dürfte. Hier befindet sich auch heute noch das höchstgelegene Maisanbaugebiet Tirols. Früher war der Ort für seine Messerschmiede bekannt, heute spielt vor allem der Tourismus eine große Rolle.

Seite 100–101

Die Bezirkshauptstadt Landeck wird vom Inn durchflossen, der hier seine Hauptfließrichtung von Norden auf Westen ändert. Ebenso wie Imst war auch Landeck in römischer Zeit eine Station auf der Via Claudia Augusta. Aus dem 13. Jahrhundert existieren erste urkundliche Hinweise auf eine Burg (das heutige Schloss Landeck, rechts unten im Bild zu sehen), von der aus der Handel an diesem Verkehrsknotenpunkt kontrolliert werden konnte. Im 19. und 20. Jahrhundert siedelten sich einige Industriebetriebe in der Stadt an, was zu einem nicht unerheblichen Aufschwung führte.

Oben

Die Kirche St. Barbara in Fließ ersetzt seit gut zwei Jahrhunderten eine kleinere Vorgängerkirche. Die Doppelturmfassade der spätbarocken Kirche überragt in exponierter Lage das Inntal. In der Gemeinde wurde 1990 der bislang größte hallstattzeitliche Hortfund Nordtirols gehoben, der sogenannte „Kathreinfund", der sich aus 386 unterschiedlichen Metallgegenständen zusammensetzt.

Rechts

Hochgallmigg war bis in die 1920er-Jahre nur von Landeck aus über einen Fußweg erreichbar. Der Ortsteil der Gemeinde Fließ setzt sich aus acht Weilern zusammen, die Kirche liegt auf 1224 m Seehöhe.

Seite 104–105

Pfunds besteht aus den beiden Ortsteilen Stuben (hier rechts der Brücke) und Pfunds-Dorf (hier auf der linken Seite) und liegt im sogenannten „Oberen Gericht“, nahe der Grenze zur Schweiz und Italien. In dem auf dieser Aufnahme sehr gut erkennbaren Turmhaus an der Innbrücke soll einst Kaiser Maximilian I. übernachtet haben.

Seite 106–107

Das Arlbergmassiv war lange Zeit die natürliche und nur schwer überwindbare Westgrenze Tirols. Der Blick nach Osten hoch über dem Arlberg unterstreicht dies eindrucksvoll.

Oben

Flirsch ist eine Gemeinde mit rätoromanischen Wurzeln. Durch den Bau der Arlbergbahn in den 1880er-Jahren und den Bau einer Schafwollfabrik zur selben Zeit begann sich die bis dahin ausschließlich bäuerliche Struktur des Ortes zu verändern. Sehr viel später wurde aus dem Segen der Verkehrsanbindung auch ein Fluch und so schirmt heute der Flirscher Autotunnel den Ort vor zu viel Autolärm ab.

Rechts

Seit 1978 gelangt man als Autofahrer wesentlich bequemer in das westlichste Bundesland Österreichs, da die Arlbergschnellstraße die beiden Bundesländer miteinander verbindet. Deren Herzstück ist der knapp 14 km lange, sondermautpflichtige Arlbergtunnel, in dessen Mitte übrigens die Landesgrenze verläuft.

Oben

Heute ist St. Christoph ein kleiner exklusiver Hotelort am Arlbergpass in 1800 m Seehöhe. Die Wurzeln liegen im 14. Jahrhundert, als ein Hospiz erbaut wurde, um Reisenden gegen die Unbilden der Natur etwas Schutz anbieten zu können. Verwaltungsmäßig gehört St. Christoph zur Gemeinde St. Anton am Arlberg.

Rechts

Nichts kann die abweisende Westgrenze Tirols besser veranschaulichen als die grobkantigen Berggrate des Arlbergmassivs. Über Jahrhunderte musste diese natürliche Grenze nicht verteidigt werden und war auch für Handelsreisende nur schwer zu überwinden.

Seite 112–113

Unterpinswang ist ein Ortsteil der Gemeinde Pinswang und liegt nördlich von Reutte, unweit der Grenze zu Deutschland und in der Nähe der beiden Schlösser Neuschwanstein und Hohenschwangau. Bereits seit der Römerzeit lag Pinswang an einer wichtigen Nord-Süd-Verbindung, der Via Claudia Augusta. Durch den Bau einer neuen Straße auf der anderen Talseite im 18. Jahrhundert verlor der Ort an Bedeutung.

AUSSERFERN

Links

Heiterwang ist ein kleiner 500-Seelen-Ort an der Außerfernbahn, einer grenzüberschreitenden Eisenbahnstrecke zwischen Bayern und Tirol. Durch seine Lage am gleichnamigen See spielt vor allem der Sommertourismus für den Ort eine große Rolle. Im Hintergrund geben die Wolken den Blick auf die sonnenbeschienene Zugspitze frei, den höchsten Berg Deutschlands.

Oben

Die Burgruine Ehrenberg gehört gemeinsam mit der Klause im Tal, der Ruine Schlosskopf und dem Fort Claudia zu den bedeutendsten Festungsbauten Mitteleuropas. Sie wurde im Laufe der Jahrhunderte mehrmals erobert, nach dem Spanischen Erbfolgekrieg baute man sie von 1726 bis 1741 massiv aus. Die neue Wehrtauglichkeit musste die Burg jedoch nicht mehr beweisen, da durch den technischen Fortschritt Festungen dieser Art bald überflüssig geworden waren. Heute ist die Burgruine zu besichtigen und bietet einen wunderbaren Blick auf das Becken von Reutte.

Oben

Der Heiterwanger See und der Plansee sind markante Gletscherseen und seit über 100 Jahren durch einen Kanal miteinander verbunden. Beide dienen heute als Wasserspeicher zur Spitzenstrom-Produktion, im Winter fällt der Wasserspiegel der Seen meist dementsprechend ab. Während der Sommermonate sind Rundfahrten auf den sehr schön gelegenen und sauberen Seen möglich.

Rechts

Reutte liegt auf altem Siedlungsgrund. Hier verlief bereits zur Römerzeit die Via Claudia Augusta von Germanien nach Italien, später kreuzte die Tiroler Salzstraße von Hall in Tirol über das Außerfern hinüber an den Bodensee. Reutte ist heute der Bezirkshauptort des Außerferns und mit über 6000 Einwohnern auch das wirtschaftliche Zentrum der Region.

Links

Die 400-Seelen-Gemeinde Musau leitet ihren Namen vom althochdeutschen *Muessa* ab, was so viel wie „sumpfiges Land" bedeutete. Alte Bräuche wie das „Hexenverbrennen" und „Scheibenschlagen" sind hier noch erhalten geblieben.

Oben

Vils ist die einzige Stadt im Bezirk Reutte und kam erst 1816 im Tausch gegen das oberfränkische, damals österreichisch/böhmische Marktredwitz endgültig an Tirol. Insbesondere im Mittelalter florierte Vils als Sitz der Gerichtsbarkeit und durch seine Lage an der Salzstraße.

Seite 120–121

Der Lech darf sich in Tirol noch austoben, hier steht er als „Naturpark Tiroler Lechtal" unter Naturschutz, bevor er in Bayern bis auf wenige Ausnahmen zu einer bloßen Perlenkette von Stauseen wird. Ausgedehnte Schotterbänke verleihen dem Lech hier noch den Charakter eines Wildflusses, immer wieder wird er auch noch von Aulandschaften begleitet.

Seite 122–123

Der Hochvogel (2592 m) ist ein sehr markanter Grenzberg der Allgäuer Alpen, über dessen Gipfel die Staatsgrenze zwischen Österreich und Deutschland verläuft. Durch seine relativ isolierte Lage im östlichen Teil der Gebirgsgruppe bietet sich von seinem Gipfel eine grandiose Aussicht.

Links

Elbigenalp ist die älteste Gemeinde des Lechtals und war lange Zeit das kirchliche Zentrum des Tals. Bekannt ist der Ort heute aufgrund der hier ansässigen, einzigen Holzschnitzschule Österreichs.

Oben

Die 700-Seelen-Gemeinde Steeg besteht aus mehreren Dörfern und Weilern, ist der westlichste Ort im Tiroler Lechtal. Von hier führt die im Winter öfters gesperrte Straße nach Warth in Vorarlberg.

Seite 126–127

Kaisers ist ein winziges Hochgebirgsdorf mit 70 Einwohnern im Kaisertal, einem Seitental des Lechtals. Mit weniger als einem Einwohner je km^2 ist die Gemeinde die am dünnsten besiedelte Österreichs.

Seite 128–129

Der Großglockner gehört mit seinem pyramidenförmigen Gipfelaufbau zu den markantesten Bergen der Ostalpen und ist mit 3798 m Seehöhe der höchste Berg Tirols sowie gleichzeitig ganz Österreichs. Seit seiner Erstbesteigung im Jahr 1800 spielte der Berg in der Geschichte des Alpinismus eine große Rolle und wird heute über 5000 Mal im Jahr bestiegen – nicht ohne Grund, denn die Aussicht vom Gipfel ist atemberaubend.

OSTTIROL

Links

Lienz ist mit 11.000 Einwohnern die größte Stadt Osttirols sowie dessen wirtschaftliches und kulturelles Zentrum. Durch seine strategisch günstige Lage am Schnittpunkt von Isel-, Drau- und Mölltal profitierte Lienz im Laufe seiner wechselvollen Geschichte vom Handel (u. a. mit dem Gold der Tauern), war jedoch in Kriegen öfters durch feindliche Truppen bedroht. Die letzte Zerstörung erfolgte 1944 durch alliierte Bomben, bevor britische Truppen Osttirol in ihre Besatzungszone einverleibten. Lienz hat dies alles überlebt und ist die lebenswerte Perle Osttirols geblieben.

Oben

Schloss Bruck liegt im Westen des Lienzer Stadtgebiets auf einer Hügelkuppe hoch über der Isel und wurde in der zweiten Hälfte des 13. Jahrhunderts durch die Grafen von Görz errichtet. Nach häufigen Besitzwechseln dient das Schloss seit 1943 als Heimatmuseum der Stadt.

Oben

Der Lavanter Kirchbichl wurde bereits in keltischer Zeit besiedelt. In spätrömischer Zeit ließen sich hier wohl auch Christen aus Aguntum in einer Fliehburg nieder. Heute noch erhalten und auf dieser Aufnahme sehr gut zu sehen sind die Grundrisse einer frühchristlichen Bischofskirche, eine zweite befand sich unterhalb der heutigen Pfarr- und Wallfahrtskirche zum hl. Ulrich. Das Gotteshaus auf der Spitze ist den hll. Petrus und Paulus geweiht.

Rechts

Aguntum war eine blühende römische Stadt, die Kaiser Claudius (10–54 n. Chr.) zum *Municipium Claudium Aguntum* und damit zur autonomen Stadt erhob. Deutlich sieht man etwa im Gebäude rechts oben die Überreste des Hypokaustums (der Fußbodenheizung), die Rückschlüsse darauf zulässt, wie hoch das Wohnniveau in dieser römischen Siedlung einst war. Im 16. Jahrhundert war man aufgrund der niedrigen Höhe der Zwischenböden noch von einer ehemaligen „Zwergenstadt" ausgegangen.

Links

Das Iseltal ist eines der Haupttäler Osttirols. Der Fluss, der ihm seinen Namen gibt, überwindet auf seinem Weg vom Umbalkees fast 1700 Höhenmeter, bevor er in Lienz in die viel kleinere (aber längere) Drau mündet. Da die Isel bis jetzt nicht energiewirtschaftlich genutzt wird, gibt es keine künstlichen Hindernisse für wandernde Fische und im Unterlauf des Flusses zwischen Huben und Lienz existieren auch noch streckenweise naturbelassene Flussauen.

Oben

Matrei liegt am Zusammenfluss der Isel mit dem mächtigen Tauernbach, ist die zweitgrößte Gemeinde Österreichs und erst seit 1813 wieder ein Teil Tirols, nachdem es lange Zeit im Herrschaftsgebiet der Salzburger Erzbischöfe gelegen hatte. Seit dem Bau der Felbertauernstraße und der Gründung des nahegelegenen Nationalparks Hohe Tauern in der zweiten Hälfte des 20. Jahrhunderts wurde der (sanfte) Tourismus für den Ort immer wichtiger.

Oben

Der Bau der Felbertauernstraße mit dem 5,3 km langen Felbertauerntunnel zwischen Mittersill in Salzburg und Matrei in Osttirol schuf 1967 erstmals eine wintersichere Nord-Süd-Verbindung nach Osttirol, nachdem ein Saumweg über den Felber Tauern schon spätestens seit der Römerzeit von Bedeutung gewesen war. Das Südportal des Tunnels liegt in 1632 m Seehöhe.

Rechts

Das Pustertal ist heute noch wohltuend landwirtschaftlich geprägt. Als prägnantes Quertal trennt es die Südalpen von den Zentralalpen, also die Kalkalpen von den zentralen Gneismassiven. Der Osttiroler Teil des Tals wird oft auch Hochpustertal benannt, sein zentraler Fluss ist die junge Drau, die erst nach knapp 750 km in die Donau mündet.

Links

Die Gemeinde Assling befindet sich ca. 20 km westlich von Lienz im Osttiroler Pustertal. Im Ortsteil Thal-Aue besteht mit Theurl Holz ein traditionsreicher Familienbetrieb und wichtiger Arbeitgeber der Region.

Oben

Die Kirche St. Justina an der Pustertaler Höhenstraße vereinigt romanische, gotische und barocke Bauteile, besticht jedoch ganz besonders durch die einmalige Lage. Kein Wunder, dass Menschen hier bereits in der Hallstatt- bzw. La-Tène-Zeit siedelten.

Seite 140–141

Die Burg Heinfels dominiert auch heute noch die gleichnamige Ortschaft. In ihren Ursprüngen geht sie wohl auf die Awaren zurück und gelangte im 13. Jahrhundert in den Besitz der Grafen von Görz. Umfangreiche Aus- und Umbauten erfolgten im 15. und 16. Jahrhundert, einem verheerenden Brand 1613 folgte der Wiederaufbau durch die Hofkammer bzw. die Tiroler Landschaft. Mächtige Türme, ein eindrucksvoller Bergfried und viele Schießscharten mussten in früheren Zeiten auf potentielle Angreifer eine verheerende Wirkung gehabt haben.

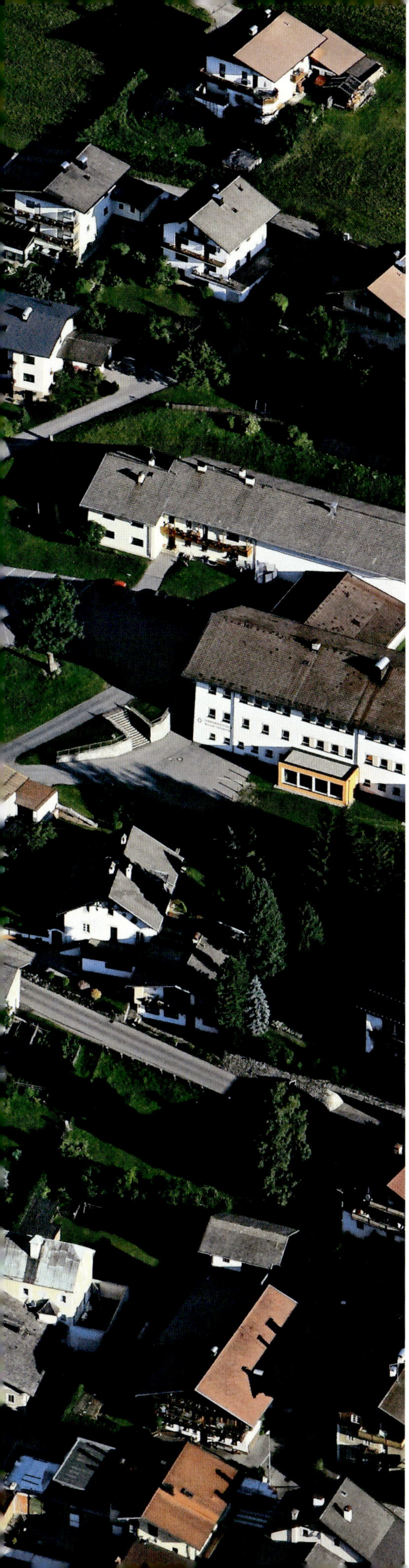

Links

Die Marktgemeinde Sillian liegt in rund 1000 m Seehöhe im westlichsten Teil des Osttiroler Pustertals, nahe der Grenze zu Südtirol, und ist das wirtschaftliche Zentrum der Region. Die Entstehung des Ortes ist eng mit dem Kloster Innichen verbunden, dem im 8. Jahrhundert Grund im Pustertal übertragen worden war, um von hier aus die Slawen zu missionieren. Die Drau, die nur wenige Kilometer entfernt am Nordabhang des Neunerkogels entspringt, trat früher häufig über ihre Ufer, Sillian wurde im 19. und 20. Jahrhundert von mehreren Hochwasserkatastrophen heimgesucht.

Oben

Zwischen Innichen und Sillian existiert seit 1919 eine Staatsgrenze, die jedoch seit dem Betritt Österreichs zur EU und zum Schengen-Raum erheblich an Bedeutung verloren hat. Das ehemalige Grenzabfertigungsgebäude wirkt heute wie ein Relikt aus vergangener Zeit. Im Pustertal wächst wieder zusammen, was jahrhundertelang eine Einheit gewesen war: Niemand muss mehr seinen Pass zeigen, wenn er von Osttirol nach Südtirol wechselt.

Bibliografische Information Der Deutschen Nationalbibliothek
Die Deutsche Nationalbibliothek verzeichnet diese Publikation in der
Deutschen Nationalbibliografie; detaillierte bibliografische Daten sind im Internet
über http://dnb.d-nb.de abrufbar.

Umschlaggestaltung: Tyrolia-Verlag, unter Verwendung
eines Bildes von Franz X. Bogner
Vorsatz: Ungewöhnlicher Blick auf eine jahrhundertealte Kulturlandschaft,
hier im Tiroler Oberland westlich von Landeck.
Nachsatz: So wild und schroff die Felsgestalten im Wilden Kaiser oft sind,
so lieblich ist die sie umgebende Landschaft, in der sich dunkle Wälder,
blaue Bergseen und ursprüngliche Orte aneinanderreihen.
Alle Abbildungen sowie Bildlegenden stammen vom Autor.
Vorwort von Monika Frenzel
Layout und digitale Gestaltung: Tyrolia-Verlag
Lithografie: Artilitho, Lavis
Druck und Bindung: Printer Trento (I)
ISBN 978-3-7022-3214-6
E-Mail: buchverlag@tyrolia.at
Internet: www.tyrolia-verlag.at